COLLECTION DE M. Ath. S*****

CATALOGUE

OBJETS D'ART

ANCIENS

ET

D'AMEUBLEMENT

Faïences anciennes de Delft, Marseille, Rouen
Strasbourg, Niedervillers, etc.

PORCELAINES ANCIENNES

GRAVURES, TABLEAUX, CADRES

TAPISSERIES

Bronzes d'art et d'ameublement

OBJETS DIVERS

Meubles et Sièges de toutes époques

DONT LA VENTE AURA LIEU

HOTEL DROUOT, SALLE N° 5

Les Lundi 1er et Mardi 2 Mars 1886

A DEUX HEURES

Mᵉ R. LE SUEUR	M. E. GANDOUIN
COMMISᵗᵉ-PRISEUR	EXPERT
rue Le Peletier, n° 29	rue Le Peletier, n° 42

CHEZ LESQUELS ON TROUVE LE CATALOGUE,

EXPOSITION PUBLIQUE

Le Dimanche 28 Février 1886, de 1 heure à 5 heures.

PARIS — 1886

CONDITIONS DE LA VENTE

Elle sera faite au comptant.

Les Acquéreurs paieront CINQ POUR CENT en sus des enchères.

1 Mars 1886. V

Vente des Lundi 1er et Mardi 2 Mars 1886

HOTEL DROUOT, SALLE N° 5

A DEUX HEURES

OBJETS D'ART

ANCIENS

ET

D'AMEUBLEMENT

COLLECTION DE M. Ath. S*****

Me R. LE SUEUR | M. E. GANDOUIN

COMMIS^{re}-PRISEUR | EXPRET

rue Le Peletier, n° 29 | rue Le Peletier, n° 42

EXPOSITION PUBLIQUE

Le Dimanche 28 Février 1886, de 1 heure à 5 heures.

PARIS — 1886

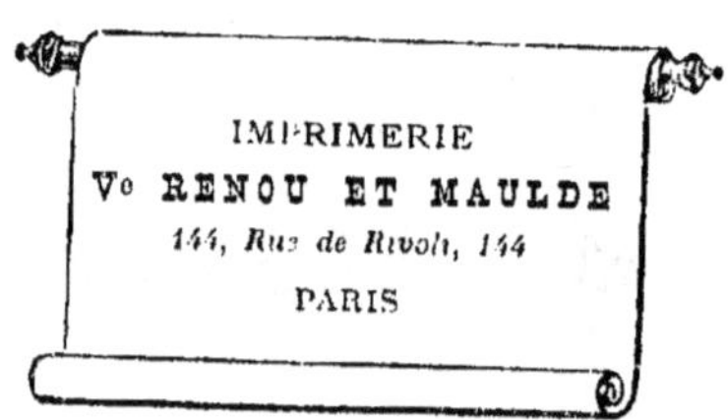

IMPRIMERIE Vᵒ RENOU ET MAULDE, 144, Rue de Rivoli, 144, PARIS

DÉSIGNATION

OBJETS D'ART

1 — Petit Bureau plat de l'époque Louis XV
en bois rose et bois de satinette, orné de
bronzes ciselés et dorés.

2 — Très belle Console à accrocher en bois
sculpté, de l'époque Louis XIV, ornée de
guirlandes de fleurs dorées, travail attri-
bué à Bouchardon.

3 — Très remarquable paire d'Appliques à trois
lumières, en bronze ciselé et doré, travail
de style Louis XV, modèle de Caffiéri.
Haut. 1^m10.

4 — Très beau Meuble-Secrétaire, de l'époque
Louis XVI, en bois rose et bois de couleur.

De chaque côté de la partie formant
secrétaire sont des tiroirs au nombre de
sept. Largeur du meuble, 1^m70 environ.

5 — Très belle Pendule de l'époque Louis XVI,
en bronze ciselé et doré, motif d'Amours
et bas-relief avec jeux d'enfants.

6 — Très joli Cabinet espagnol du xvie siècle
en bois sculpté ajouré, orné d'arabesques
et profils.

7 — Petit Meuble de l'époque Louis XVI, en
bois d'acajou, à pieds et angles cannelés,
ornés de bronzes ciselés et dorés.

8 — Bureau plat de l'époque Louis XIV, en
marqueterie de Boule, orné de bronzes
ciselés et dorés.

9 — Grande et belle Chaise longue de l'époque
Louis XIV, très beau bois sculpté doré,
recouverte en soie brochée de même
époque, lamée d'or.

10 — Très joli Canapé de l'époque Louis XV,
en bois sculpté. Très jolie forme et exécu-
tion.

11 — Chaise et Fauteuil de même époque et travail.

12 — Secrétaire de l'époque Louis XVI, en bois laqué et orné de bronzes ciselés et dorés.

13 — Commode de même époque et travail.

14 — Pendule de l'époque Louis XV, en bois sculpté et doré.

15 — Crucifix en bois sculpté, travail de l'époque Louis XIV.

16 — Deux Tables-Consoles de l'époque Louis XV en bois sculpté et doré.

17 — Petite Table de l'époque Louis XIII.

18 — Paravent orné de peintures, époque Louis XV.

19 — Petite Table ronde de l'époque Louis XVI.

20 — Fauteuil de l'époque Louis XIII.

21 — Huit Chaises de l'époque Louis XIV, cannées.

22 — Cheminée en bois sculpté, style Louis XV, ornée de tapisserie.

23 — Meuble de l'époque Louis XIII, en noyer sculpté.

24 — Fauteuil de l'époque Louis XIV.

25 — Commode de l'époque Louis XVI, en bois
rose et marqueterie de bois debout.

26 — Commode de l'époque Louis XIV.

27 — Toilette, forme dite Pompadour, en bois
rose et bois de couleur.

28 — Table à jeu, meuble d'encoignure.

29 — Miroir de l'époque Louis XVI.

30 — Lit de même époque.

31 — Petite Étagère Vaisselière.

32 — Grande Table de l'époque Louis XIV,
pieds tournés.

33 — Commode de l'époque Louis XIV, en marqueterie de bois de racine.

34 — Commode de l'époque Louis XV, en bois
rose.

35 — Prie-Dieu avec panneau gothique.

36 — Deux Encoignures de l'époque Louis XVI,
en bois de violette et bois de satinette.

37 — Encoigunre de l'époque Louis XV, en bois
laqué.

38 — Buste d'Empereur romain en marbre.

39 — Statue de l'époque Louis XIV en pierre.

40 — Trictrac de l'époque Louis XVI, en acajou.

41 — Piano d'Érard (1791).

42 — Sous ce numéro, divers Fauteuils, époques diverses.

43 — Glace avec cadre sculpté, époque Louis XVI.

44 — Console sculptée, époque Louis XV.

45 — Coffret en bois rose, époque Louis XVI.

46 — Écran avec feuille en tapisserie au point, Louis XIV.

47 — Panneau orné de peintures.

48 — **Ecole française.** Fleurs.

49 — Beau Baromètre en bois sculpté et doré, Louis XVI.

50 — **Ecole française.** Bataille.

51 — **Ecole française.** Bataille.

52 — **Ecole française.** Bataille.

53 — Deux Meubles en noyer marqueté.

54 — Encoigure du xviiie siècle.

55 — Clavecin daté de 1790.

56 — Mappemonde de l'époque Louis XV, pied en bois sculpté, très belle ornementation.

57 — Deux Lampadaires en bois, vernis hollandais du xviiie siècle.

58 — Fauteuil de l'époque Henri II, en bois sculpté.

59 — Crochet à viande en fer forgé.

60 — Épée en fer forgé, époque Louis XIV, lame gravée, avec inscription « Je suis Hercule ».

61 — Deux Appliques en bronze doré, époque Louis XV.

62 — **Marbre**. Vénus Gallypige. Statuette.

63 — **Jade**. Statuette.

64 — Feuille laquée.

65 — Belle Pendule à accrocher en marqueterie de Boule, ornée de bronzes ciselés et dorés.

66 — Sous ce numéro, divers Objets omis.

67 — Sous ce numéro, vingt Cadres dorés.

68 — Divers Tableaux anciens, Portraits et
Sujets.

FAIENCES ET PORCELAINES

ANCIENNES

69 — **Delft.** Deux Socles.

70 — **Vienne.** Socle, décor polychrome.

71 — **Sèvres.** Groupe en biscuit.

72 — **Saint-Clément.** Vase, décor polychrome.

73 — Deux Jardinières avec plateaux en faïence
ancienne française.

74 — **Chine.** Deux Vases bleus.

75 — **Saxe.** Soupière et son Plat.

76 — **Japon.** Dix Assiettes, décor polychrome.

77 — **Chine.** Deux Jardinières.

78 — **Chine.** Bol, décor polychrome.

79 — **Japon.** Trente-deux Assiettes, décors variés.

80 — **Marseille.** Trois Assiettes, décor polychrome.

81 — **Chine.** Cinq Tasses et Soucoupes.

82 — **Japon.** Six Tasses.

83 — **Sèvres.** Compotier, pâte tendre, décor polychrome, dit à la feuille de choux (Réparé).

84 — **Sèvres.** Théière, décor polychrome.

85 — **Delft.** Assiette, décor dit au chinois polychrome et doré (Réparée).

86 — **Delft.** Assiette, décor à la corbeille polychrome et or (Réparée).

87 — **Strasbourg.** Vénus sur un char, statuette polychrome (Réparée).

88 — **Bruxelles.** Soupière, chou peint au naturel.

89 — **Rouen.** Bannette, décor polychrome (une anse réparée).

90 — **Delft.** Plat, décor au chinois.

91 — **Delft.** Autre Plat, décor d'oiseau.

92 — **Delft.** Autre Plat à la corbeille (Fêlure).

93 — **Delft**. Assiette à fond gris.

94 — **Urbino**. Vase, décor polychrome, daté 1660.

95 — **Delft**. Potiche à fond bleu.

96 — **Delft**. Potiche, décor polychrome.

97 — **Delft**. Compotier, décor polychrome.

98 — **Marseille**. Paire de Cache-Pots, décor polychrome.

99 — **Chine**. Deux Assiettes, décor bleu.

100 — **Cristal**. Chope gravée.

101 — **Delft**. Bouquetière, décor polychrome.

102 — **Chine**. Deux Tasses, décor polychrome.

103 — **Chine**. Groupe de Chiens de Fo combattant, émaillés céladon, vert-bleu et gris.

104 à 205 — Sous ce numéro, environ **quatre cents** Pièces : Plats, Assiettes, Fontaines, Vases, Cornets, Statuettes en faïence et porcelaine ancienne des fabriques de Rouen, Nevers, Saint-Omer, Strasbourg, Niedervillers, Marseille, Moustiers, etc., Sèvres, Saxe, Chine, Japon, Inde, et Porcelaines des fabriques européennes.

206 — Sous ce numéro, divers Bois sculptés de diverses époques.

TAPISSERIES, ÉTOFFES

207 — Suite de cinq Tapisseries verdures d'Aubusson.

208 — Grand Tapis d'appartement en Aubusson, époque Louis XVI.

209 — Plusieurs Portières en tapisseries diverses.

210 — Six Tentures en toile imprimée de Gênes.

211 — Tentures diverses en étoffe imprimée, des manufactures anciennes de Rouen et Jouy-en-Josas.

GRAVURES ANCIENNES

212 — Quatre-vingts Vues d'optique.

213 — Trente Gravures de l'École française, encadrés.

214 — Environ soixante Gravures de l'École française du XVIIIe siècle.

Vᵛᵉ Renou et Maulde, imprimeurs de la Cⁱᵉ des Commissaires-Priseurs, rue de Rivoli, 144.   200—6571